This nonogram notebook belongs to:

How to solve a nonogram

A nonogram is a type of logic puzzle that involves recreating a hidden picture using numerical clues that determine how many boxes in a row or column should be checked.

Nonograms are also known as "Japanese crosswords," "picross," "griddlers" or "hanjie."

Nonograms usually consist of a grid of squares that must be filled in or left blank to form a picture.

Numerical clues to the left and above the grid describe the order and length of groups of boxes that must be marked in a row or column.

Players use these clues to discover the hidden picture that is created when they fill in the grid of squares correctly.

Nonograms are popular around the world and are available in many different levels of difficulty, from easy to very difficult.

Nonograms are a fun way to exercise concentration, memory and logic problem-solving skills.

CONSIDER THE SOLUTION OF A SMALL NONOGRAM

FIRST, WE ARE LOOKING FOR THE LARGEST NUMBERS ON THE LEFT OR TOP, AND PREFERABLY ON THE VERY EDGES, FROM WHICH IT IS EASIEST TO START THE SOLUTION. IN THE LAST COLUMN WE SEE THE NUMBER 6. THIS MEANS THAT THE COLUMN HAS ONE BLOCK OF 6 CELLS FILLED WITH BLACK IN A ROW. SINCE THE JAPANESE CROSSWORD HAS ONLY 8 CELLS IN HEIGHT, THIS BLOCK IN OUR CASE CAN BE LOCATED IN THREE WAYS—ADJACENT TO THE TOP EDGE, TO THE BOTTOM EDGE AND IN THE MIDDLE. IF WE TAKE THE TWO EXTREME POSITIONS, WE WILL FIND THAT THE CELLS BELOW WILL BE PAINTED ANYWAY.

NOW LOOK AT THE TWO HORIZONTAL LINES WITH NUMBERS – 5. EACH OF THESE LINES HAS A BLOCK OF 5 CELLS. THANKS TO WHAT WE FOUND ONE FILLED CELL WITH AN EDGE FOR EACH, WE KNOW EXACTLY HOW THESE BLOCKS ARE LOCATED. FEEL FREE TO PAINT. A USEFUL FEATURE: BY HOLDING DOWN THE CTRL KEY, YOU CAN INSTANTLY PAINT THE ENTIRE RECTANGULAR BLOCK.

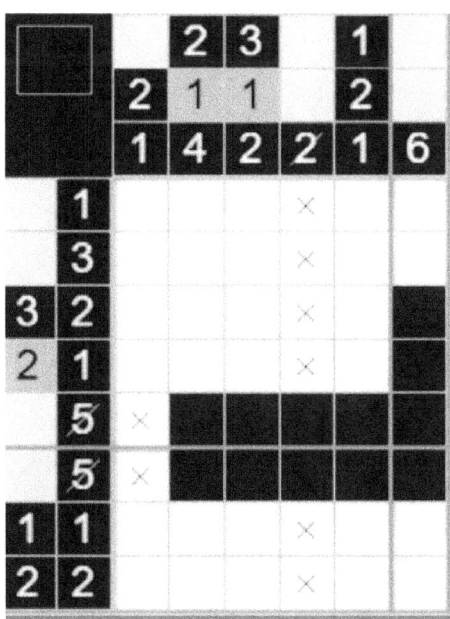

The program will automatically cross out the numbers found correctly and place crosses in the free cells. This function can be turned off in the settings if you want to control the whole process yourself. In this case, the crosses can be set by right-clicking or by selecting crosses in the color panel. In addition, the settings can customize the appearance of the crosses, the color and transparency of the highlighting, and much more.

Now pay attention to the fourth row. It has a pink block in two cells. Looking at the top numbers, we see that the pink color is only in two columns, so the horizontal block can only be in the following cells.

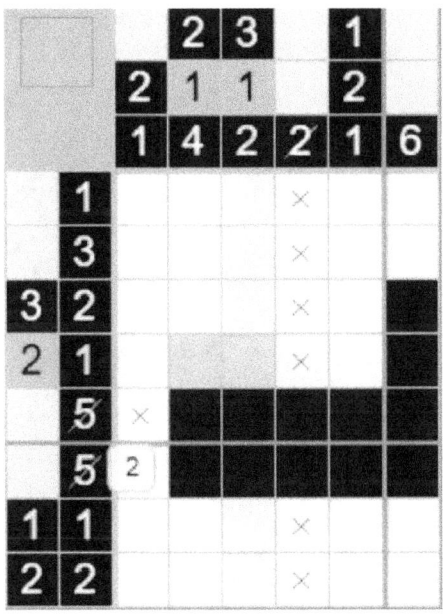

IN THE THIRD COLUMN ABOVE THE PINK CELL, THERE SHOULD BE A BLOCK OF THREE CELLS. SINCE THERE ARE ONLY THREE EMPTY CELLS LEFT THERE, THIS MEANS THAT WE DEFINITELY KNOW ITS LOCATION.

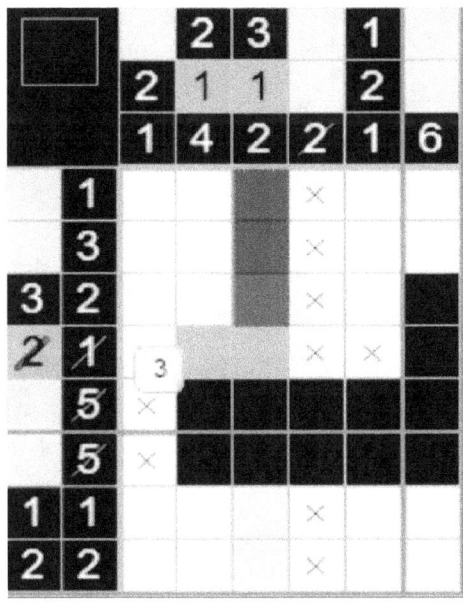

THE SECOND LINE SHOULD BE A BLOCK OF THREE CELLS. ONE FILLED CELL IS ALREADY THERE AND IS BOUNDED BY A CROSS ON THE RIGHT. THIS MEANS THAT THE BLOCK CAN ONLY CONTINUE IN ONE DIRECTION. WE WILL PAINT IT.

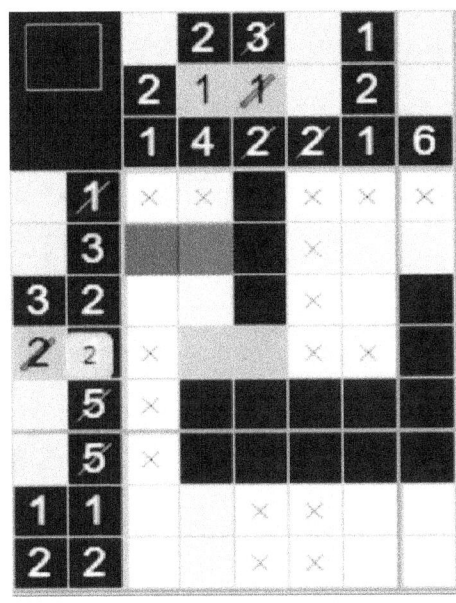

WE APPLY SIMILAR TECHNIQUES TO THE REST OF THE CELLS AND GET THE FINISHED PICTURE, THE
NONOGRAM IS COMPLETELY SOLVED!

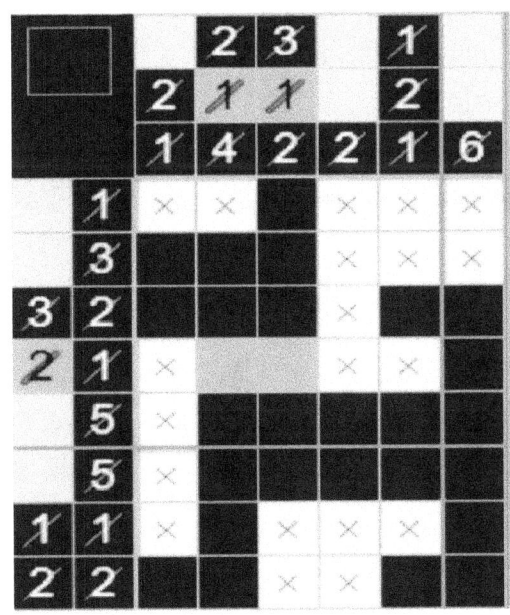

I HOPE THIS INTRODUCTION HAS EXPLAINED TO YOU THE BASICS OF SOLVING NONOGRAMS.

HAVE FUN :)

So grab your pencil and let's get started

Nono nr1

		3	8	9	11	11	12	12	12	12	12	11	9	9	15	14	11 3	8 1 1	6 1	2
	0																			
	0																			
	1																			
1	1																			
	3																			
	3																			
6	5																			
	15																			
	16																			
	18																			
	18																			
	17																			
	17																			
	17																			
	15																			
	16																			
10	3																			
7	4																			

Nono nr2

Column clues (left to right):

| 2 | 2,5 | 2,6 | 6,3 | 3,3 | 3 | 4 | 5,3 | 4,5 | 4,2,3 | 3,3,2 | 3,2,3,1 | 3,3,2,1 | 7,2,1 | 6,2,2 | 3,3 |

Row clues (top to bottom):

| 2 |
| 4 |
| 2 3 |
| 2 6 |
| 2 7 |
| 3 3 3 |
| 3 3 3 |
| 2 3 3 |
| 2 3 3 |
| 7 4 |
| 6 5 |
| 2 4 |
| 2 |
| 3 4 |
| 8 |
| 3 1 |
| 2 |
| 3 |
| 1 |

Nono nr3

	3	9	9	10	10	10	11	14	10 1	10	9	11	13	2 10	10	1
1																
3																
1 1																
2 5																
5 4																
6 6																
14																
14																
14																
14																
14																
13																
12																
10																
5																
3																
2																
1																
1																
2																

Nono nr 4

			1	3	2	2	3	3 7	8	15	6	6	5 2	11	12	3
		1														
		2														
		4														
		2														
		2														
		4														
		5														
		6														
		7														
		7														
		7														
		7														
	2	3														
1	1	3														
1	1	3														
1	1	2														
1	1	2														
1	1	2														
1 1	1	1														
1 1	1	1														

Nono nr5

			5					8												
			2	11	2			1												
	2	3	1	4	15	17	10	1	11	10	8	7	5	2	1	1	1	1	1	
1																				
2																				
6																				
4 1																				
5																				
5																				
5																				
5																				
7																				
8																				
8																				
9																				
9																				
9																				
9																				
2 5																				
3 12																				
2 6																				
2 3																				
2																				

Nono nr 6

	1	1	2	5	3 1	2	3	3	4	7	6	6	5	4	4	5	4	4	3	2
1																				
2																				
7																				
9																				
11																				
13																				
8 4																				
3 1 3																				
2 1																				
2																				
2																				
4																				
2																				

Nono nr7

										2	2									
										7	7									
			3	3	3	2	3	3	3	1	1	2	3	3	3	2	3	3		
	2	4	1	1	1	1	1	1	1	1	1	1	1	1	1	1	1	1	4	2
2																				
3																				
1 1																				
2 2																				
1 1																				
2 2																				
1 2 1																				
2 2 2																				
2 2 1																				
1 2 2																				
2 2 2																				
1 2 1																				
2 2 2																				
1 1																				
2 2 2																				
1 1																				
2 2																				
20																				

Nono nr**8**

Column clues (left to right):

Col	Clue
1	3
2	1 1
3	1 1
4	2 17
5	1 1
6	1 17
7	1 1
8	2 1 6
9	1 9
10	1 1 1 2
11	1 1 2 4
12	1 1 2 4
13	1 1 1 2
14	1 1 7
15	1 1 1 2
16	1 1 7
17	1 1 7
18	1 3 1 2
19	1 1 6
20	3

Row clues (top to bottom):

Row	Clue
1	5
2	4 13
3	1 1
4	4 15
5	1 1 1 1
6	1 1 12
7	1 1 2 2 1 2 1
8	1 1 2 1 2 1
9	1 1 2 2 1 4
10	1 1 2 2 1 2 1
11	1 1 12
12	1 1 10
13	1 1
14	1 1
15	1 1
16	1 1
17	1 1
18	1 1
19	1 1
20	3

Nono nr 9

		4	7	10	11	12	13	14	14	13	13	14	14	13	12	11	10	7	4
5	5																		
7	7																		
	18																		
	18																		
	18																		
	18																		
	16																		
	16																		
	14																		
	14																		
	12																		
	10																		
	8																		
	6																		
	4																		

Nono nr 10

				5	4	1	7	7	4		5	8	5	4	5		
			4	5	4	5	6	6	7	8	8	8	6	6	5	3	5	6

Row clues:
- 2 1
- 2 1
- 4 3
- 1 4 3 1
- 1 4 3 1
- 2 4 3 2
- 3 2 3 3
- 3 1 4
- 3 4
- 4 3 3
- 2 4 2
- 6
- 8
- 11
- 12
- 12
- 12
- 2 2

Nono nr 11

Column clues (left to right):

6	6	2	12	4 3 2	2 1 2 1	2 2 2 3	2 2 4	4 2 4	4 2 4	2 2 4	2 2 2 3	2 1 2 1	4 3 2	12	2	6	6

Row clues (top to bottom):

Row	Clue
1	2
2	2
3	2
4	6
5	4 4
6	2 2
7	2 2
8	2 1 1 2
9	1 2 2 1
10	2 2
11	16
12	18
13	2 1 1 2
14	2 1 1 2
15	2 1 1 2
16	2 1 1 2
17	1 2 6 2 1
18	12
19	6
20	4

Nono nr 12

			6	9	11	12	8 3	7 3	4 3	3	3	3	2	3	4	5	6	7	7	7	7	6
		6																				
		7																				
		7																				
		7																				
		7																				
		6																				
		5																				
		4																				
		3																				
		2																				
		3																				
		3																				
		3																				
	3	4																				
	3	7																				
	3	8																				
		12																				
		11																				
		9																				
		6																				

Nono nr 13

				1																
			3	1		9										9	8			
	1	2	4	8	16	5	6	7	8	9	9	10	11	11	11	1	1	6	3	1
3																				
2 2																				
5																				
1 2																				
2																				
2 4																				
2 6																				
2 9																				
3 11																				
3 13																				
2 13																				
15																				
16																				
15																				
13																				
15																				

Nono nr 14

Column clues (top → bottom, columns 1–20):

Row clue	C1	C2	C3	C4	C5	C6	C7	C8	C9	C10	C11	C12	C13	C14	C15	C16	C17	C18	C19	C20
												2	2	2						
					2	2	2	2			2	2	2	2						
				3	1	1	1	1			2	1	1	1	3					
			3	1	1	1	1	1		14	4	2	2	2	2	4	3	3	1	
	1	2	1	1	1	1	1	1	14	1	1	1	1	1	1	1	1	1	1	4
5																				
5																				
1																				
3																				
4																				
3 1																				
1 2 1																				
1 2 1																				
1 2 1																				
1 2 1																				
1 2 1																				
1 2 1																				
1 2 1																				
1 2 1																				
1 8																				
7 1 3																				
1 1 8																				
20																				
1 1																				
1 1																				
17																				

Nono nr 15

	2 2	6	4	2	2	2 2 2	5 2 5	7 2 7	16	12	8	6	2	2	2	2	2	0	0
2																			
3																			
3																			
3																			
4																			
3																			
4																			
2 5																			
3 4																			
16																			
16																			
3 4																			
2 5																			
4																			
3																			
4																			
3																			
3																			
3																			
2																			

Nono nr 16

Row clues	7	8	4 6	6 6	2 10	1 8	1 8	1 8	1 8	1 8	1 8	1 8	1 8	1 8	1 8	2 10	6 6	4 6	8	7
12																				
2 2																				
1 1																				
2 2																				
2 2																				
18																				
20																				
2 12 2																				
2 12 2																				
2 12 2																				
20																				
20																				
20																				
3 3																				
3 3																				
2 2																				

Nono nr 17

	7	8	3	4	4	20	2 12	7 5	7 5	2 4	17	17
7												
7												
1 2 2												
1 2 2												
1 2 2												
1 2 2												
1 2 2												
1 2												
7												
11												
12												
12												
2 6 2												
2 2 2												
2 2 2												
2 2 2												
2 2 2												
2												
2												
2												

Nono nr 18

Column clues (top):

11	12	3	2 1	2 1	2 1	2 1	2 4	1 4	1 1	1 1	1 11	1 12	1 2	1 2	1 2	1 2	3	11	10

Row clues (left):

			12
		2	3
		2	4
	2	2	2
	2	2	2
	2	2	2
	2	2	2
		13	2
2	2	2	2
2	2	2	2
2	2	2	2
		2	2
		2	2
		2	2
		2	2
		2	2
		2	2
		2	2
		2	2

Nono nr 19

							1	1										3	3				
					3	1	1	1	1		1	1	1	2	3		3	1	1	3	2	1	
					1	1	1	1	1	5	1	1	1	1	1	7	1	1	1	1	1	1	
				6	1	1	1	1	1	1	1	1	1	1	1	1	1	1	1	1	1	1	8
			6																				
			8																				
			19																				
1	1	1	1																				
2	1	1	1																				
1	1	1	1																				
			20																				
		1	1																				
1	2	2	1																				
	3	9	4																				
		2	2																				

Nono nr 20

	8	10	10	10	0	8	9	10	13	15	16	20	20	4 12	12	12	12	11	9
2																			
3																			
3																			
3																			
4																			
4																			
4																			
5																			
11																			
12																			
3 13																			
4 14																			
4 14																			
4 14																			
4 14																			
4 14																			
4 14																			
4 13																			
4 13																			
3 9																			

Nono nr 21

Column clues (left to right):

Col	Clues
1	1, 1
2	13
3	14
4	4, 1
5	2, 2, 2
6	1, 13
7	5, 1
8	5, 7
9	2, 5, 2, 1
10	3, 2, 1, 1, 1
11	3, 2, 1, 1, 1
12	2, 5, 2, 1
13	5, 7
14	5, 1
15	1, 13
16	2, 2, 1
17	4, 2
18	14
19	13
20	1, 1

Row clues (top to bottom):

Row	Clues
1	2
2	2
3	12
4	2 3 3 2
5	2 2 2 2
6	18
7	20
8	2 1 1 1 1 2
9	2 1 1 1 1 2
10	2 1 4 1 2
11	2 1 1 2
12	2 1 6 1 2
13	2 1 2 2 1 2
14	2 1 1 1 1 2
15	2 1 1 1 1 2
16	2 1 1 1 1 2
17	2 2 1 1 1 3
18	20

Nono nr22

Column clues (top, read top-to-bottom per column):

Col	Clue
1	5
2	8
3	3, 2
4	1, 2
5	1, 2
6	1, 2
7	1, 9
8	1, 2, 1
9	1, 2, 1
10	1, 2, 1
11	1, 2, 1
12	1, 2, 1
13	1, 2, 1
14	1, 9
15	1, 2
16	1, 2
17	1, 2
18	3, 2
19	8
20	5

Row clues (left):

Row	Clue
1	10
2	1 1
3	1 1
4	1 1
5	2 2
6	2 2
7	2 2
8	2 2
9	2 2
10	2 2
11	20
12	18
13	1 1
14	1 1
15	1 1
16	1 1
17	1 1
18	1 1
19	1 1
20	6

Nono nr23

	9	9	9	9 3	6 5	4 7	4 9	3 11	3 11	2 11	2 1 2 2	3 11	3 11	3 10	4 8	6 5	9 3	9 1	9	9
20																				
20																				
9 9																				
7 6																				
5 5																				
5 5																				
4 6 4																				
4 3 3 4																				
4 4 3 4																				
9																				
10																				
5 4																				
6 5																				
12																				
14																				
7 6																				
7 7																				

Nono nr 24

Column clues (top):

c1	c2	c3	c4	c5	c6	c7	c8	c9	c10	c11	c12	c13	c14	c15	c16
			1		1	1	1	1	1						
		1	1	1	1	1	1	1	1	1	2				
		4	1	1	1	1	1	1	1	4	1	9	2	5	
1	19	1	1	1	1	1	1	1	1	1	1	1	11	1	15

Row clues (left):

			12
		1	4
1	7	1	1
2	1	1	2
2	1	1	2
2	1	1	2
2	1	1	1
1	7	2	1
	1	2	1
	1	1	1
	1	1	1
	1	1	1
	1	1	1
	1	1	1
	1	1	1
	1	1	1
	1	1	1
		1	3
		1	1
			13

Nono nr25

Column clues (left to right):

1. 4
2. 4
3. 1 2 1
4. 1 6
5. 1 3 3
6. 10 2 1 2
7. 13 2 1 2
8. 2 1 1 3 2
9. 3 7 6
10. 4 6 2
11. 5 2 1 2
12. 8 1 5
13. 7 1 3 2
14. 1 1 2 1 2
15. 1 1 2 1 2
16. 1 3 2
17. 1 6
18. 1 2 1
19. 4
20. 4

Row clues (top to bottom):

1. 1
2. 1
3. 7
4. 8
5. 2 5
6. 2 4
7. 4 3
8. 2 2 4
9. 2 5
10. 2 4
11. 2 2
12. 2 2
13. 20
14. 2 2
15. 20
16. 20
17. 2 2 2 2
18. 2 2 1 1 2 2
19. 2 2 2 1
20. 6 5
21. 3 3

Nono nr 26

											5							
								5	5	5	3	5						
				5	5	5	5	3	3	2	3	5	6	7	7			
	3	0	5	2	2	1	1	2	7	1	2	1	1	2	2	0	9	9

Row clues			
			2
		2	2
		13	2
	1	13	2
	1	13	2
	1	13	2
		13	2
		3	2
		4	2
			4
			4
			0
			2
			4
		2	1
	1	1	1
	1	1	1
	1	1	1
	2	2	2
		1	1

Nono nr 27

				3	2	2	2	2					2	2	2	2	2	2		
		3	3	1	2	1	1	1					1	1	1	2	1	1	4	
	6	1	1	1	1	1	1	1	6	2	2	6	1	1	1	1	1	1	1	7
1 1																				
2 2																				
2 2																				
2 2																				
2 2																				
1 2																				
2 2																				
2 2																				
9 9																				
2 1 1 1 1 2																				
1 4 1																				
1 4 1																				
1 1 1 1																				
9 9																				
0																				
0																				

Nono nr 28

				1	1					
				1	1	1				
		1	6	1	1	1	5	1	1	
		1	1	1	1	1	1	1	1	
		1	1	1	1	1	1	1	1	
	14	1	1	1	1	1	1	1	1	14
5										
1 1										
3 1										
1 1										
5										
1 1										
1 1										
1 1										
1 1										
10										
1 1										
1 1										
1 1										
1 1										
1 1										
1 1										
1 1										
10										
1 1										
1 1										
10										

Nono nr29

					1	1	1	1	1	2	2	1	1	1	1	1				
				2	1	1	1	1	1	1	1	1	1	1	1	1	2			
	2	2	2	8	1	1	1	1	1	1	1	1	1	1	1	1	8	2	2	2
2																				
12																				
1 1																				
14																				
3 3																				
3 3																				
1 1																				
1 1																				
1 1																				
1 1																				
1 1																				
1 1																				
1 1																				
14																				

Column clues (left to right):
- 4
- 1
- 4
- 1 1
- 2 4
- 1 1 3
- 17
- 17
- 1 1 3
- 2 4
- 1 1
- 4
- 1
- 4

Row clues (top to bottom):
- 8
- 1 1
- 1 1
- 2
- 2
- 2
- 2
- 2
- 2
- 2
- 2
- 2
- 2
- 2
- 2
- 4
- 4
- 14
- 1 1 1 2 1 1 1
- 1 1 1 2 1 1 1
- 1 1 1 2 1 1 1

Nono nr 31

Column clues (left to right):

- 3
- 1, 1
- 1, 2
- 1, 1
- 1, 1
- 1, 3
- 1, 2
- 1, 15
- 1, 1, 1, 1, 1
- 1, 15
- 1, 1
- 6
- 2, 1
- 6
- 1, 1
- 6

Row clues (top to bottom):

- 9 3
- 1 3 1
- 1 3 1
- 1 4 1 1 1
- 3 1 3 1
- 1 7 3
- 2 1
- 1 1
- 1 1
- 1 1
- 1 1
- 1 1
- 1 1
- 3
- 1 1
- 1 1
- 3
- 1 1
- 1 1
- 3

Nono nr32

			2	2	2	2	2													
		4	6	2	2	1	2	3	6	4	2	2	2	2	2	5	5	2	2	5	5
	1																				
	5																				
3	3																				
2	2																				
2	13																				
2	13																				
2 3 2	2																				
3 3 2	2																				
5 2	2																				

Nono nr 33

	10	2 2	1 1	7 1	2 1 1	1 1 1	1 1 1	1 1 3 1	1 1 3 1	1 1 1	1 1 1	2 1 1	7 1	1 1	2 2	10
6																
1 1																
2 2																
1 1																
1 1																
1 1																
1 1																
1 1																
14																
2 2																
1 1																
1 1																
1 2 1																
1 2 1																
1 2 1																
1 1																
1 1																
1 1																
2 2																
14																

Nono nr34

Column clues (left → right):

Col	Clue
1	16
2	2, 2
3	2, 2
4	2, 2
5	16
6	2, 2
7	4, 2
8	1, 2, 2
9	1, 2, 2
10	1, 2, 2
11	1, 2, 2
12	1, 2, 2
13	1, 2, 2
14	4, 2
15	2, 2
16	16
17	2, 2
18	2, 2
19	2, 2
20	16

Row clues (top → bottom):

Row	Clue
1	8
2	1 1
3	20
4	20
5	1 1 1 1
6	1 1 1 1
7	1 1 1 1
8	1 1 1 1
9	1 1 1 1
10	1 1 1 1
11	1 1 1 1
12	1 1 1 1
13	1 1 1 1
14	1 1 1 1
15	1 1 1 1
16	1 1 1 1
17	1 1 1 1
18	20
19	20

Nono nr35

	14	2 1	3 2	1 2 3	1 2 2 1	1 2 2 1	1 2 2 1	1 3 1	1 2 1	1 2 1	1 2 1	1 2 1	1 3 1	1 2 2 1	1 2 2 1	1 2 2 1	1 2 3	1 1 2	2 1	14
20																				
3 2																				
1 2 2 1																				
1 2 2 1																				
1 2 2 1																				
1 2 2 1																				
1 2 2 1																				
1 2 2 1																				
1 8 1																				
1 2 2 2 1																				
1 2 2 1																				
1 2 2 1																				
1 2 2 1																				
20																				

Nono nr36

								3	2	2	2	2	3							
							3	2	1	1	1	1	2	3						
			2	2	2	3	6	2	1	1	1	1	2	6	2	2	2	2		
	13	13	2	2	2	2	2	2	2	2	2	2	2	2	2	2	2	2	13	13
6																				
8																				
3 2																				
7 7																				
6 6																				
2 6 2																				
2 2 2 2																				
2 1 1 2																				
2 1 1 2																				
2 1 1 2																				
2 1 1 2																				
2 2 2 2																				
2 6 2																				
2 2																				
20																				
20																				

Nono nr 37

				3											3				
				1	3									3	1				
7	8	12	13	1	7	3	2	2	2	2	2	2	3	7	1	13	12	8	7

			8
			10
		3	3
		3	3
		3	3
		2	2
		2	2
		2	2
		4	4
4	1	1	4
4	1	1	4
4	1	1	4
4	1	1	4
4	1	1	4
4	1	1	4
		6	6

Nono nr38

	1	2 2 2	4 2 2	5 2 2	5 2 2	5 2 2	6 2	12	12	6 2	5 2 2	5 2 2	5 2 2	4 2 2	2 2 2	1
3 3																
3 3																
2 2																
3 3																
3 3																
3 3																
3 3																
3 3																
6																
4																
14																
14																
2																
2																
14																
14																
2																
2																
2																
2																

Nono nr39

		1	2	3	4	5	6	7	8	9	10	11	12	13	14	15	16	17	18	19	20	21
										4	4	3	3	2	2							
										2	2	2	2	2	2						2	
		2	2	2	2				6	2	2	2	2	2	2	2	3	3	3	2	2	1
		2	2	2	2	6	10	12	6	4	4	3	3	2	2	2	3	3	3	2	2	1
	12																					
	12																					
5	3																					
	4																					
	4																					
	3																					
	14																					
	14																					
	3																					
	3																					
	15																					
	15																					
	3																					
	4																					
	4																					
5	3																					
	12																					
	12																					

Nono nr 40

							4	3	3	3				
	3	3	8				3	3	3	3	3	3	2	
	3	4	5	18	19	20	4	4	4	4	4	4	4	1
9														
9														
9														
4														
4														
4														
4														
4														
4														
10														
10														
10														
3														
3														
3														
4														
12														
13														
13														
13														

Solution

Nr 1
Rabbit

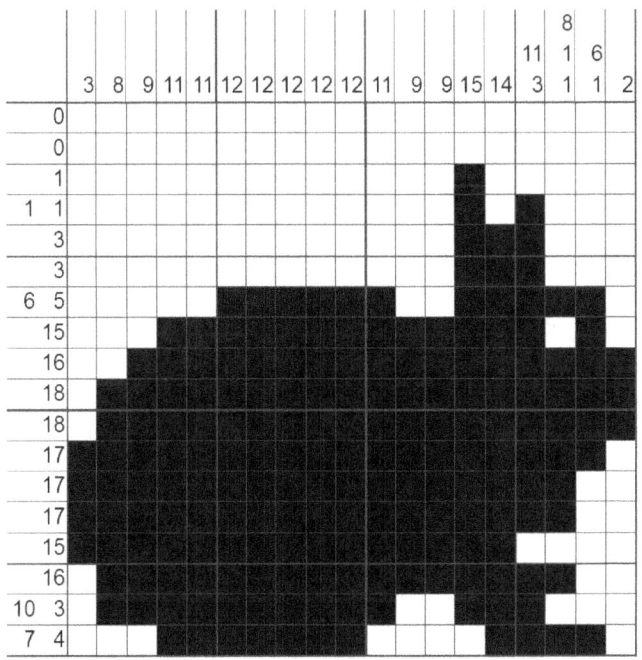

Nr 2
Snake

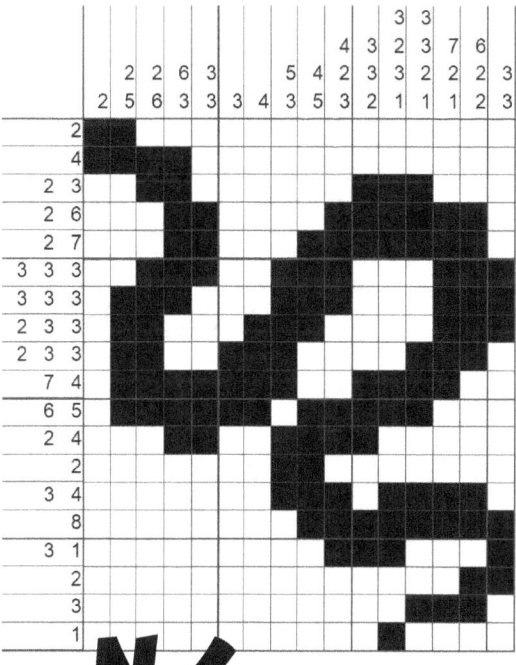

Nr 3
Hen

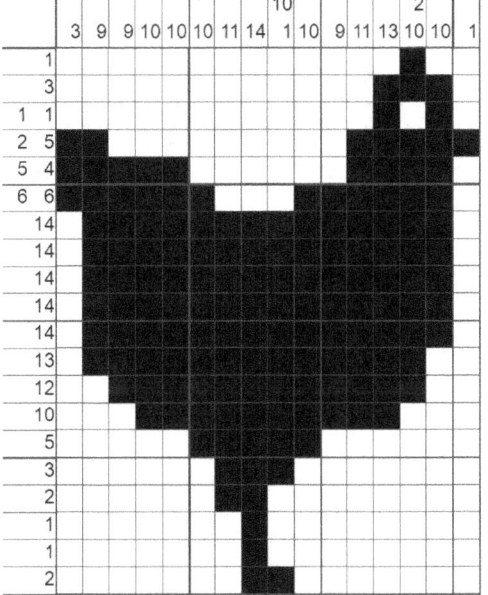

Nr 4
Giraffe

Nr5 Dog

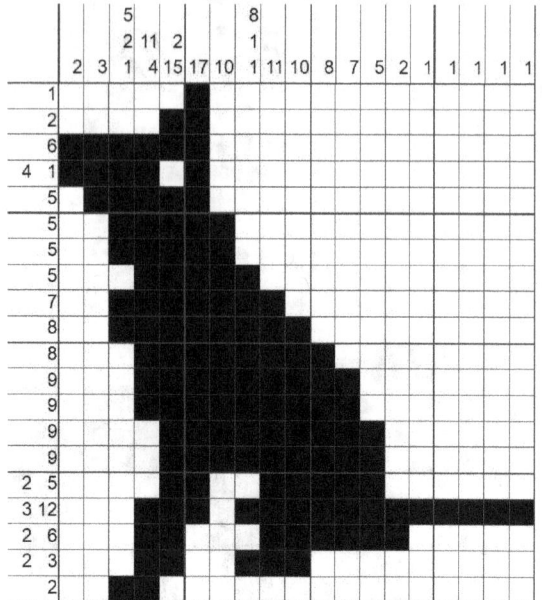

Nr6 Dolphin

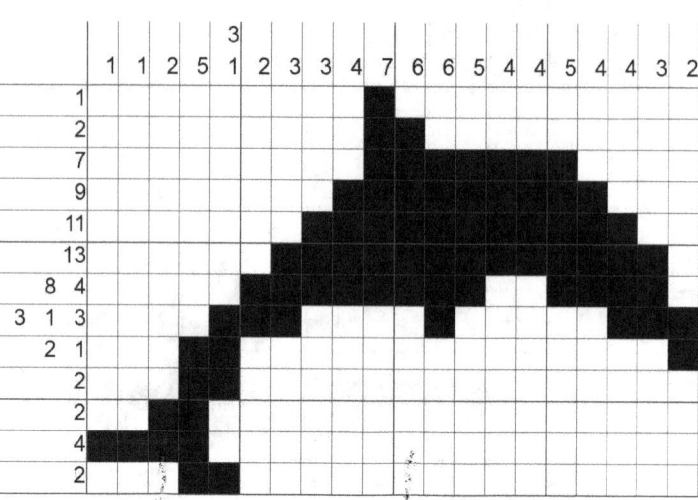

Nr7 Sign

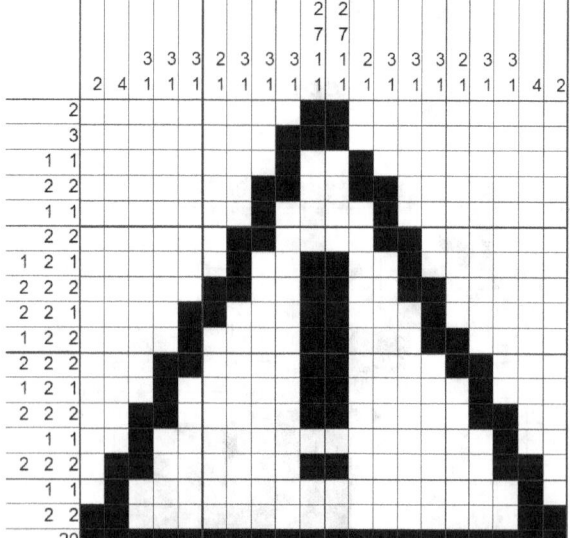

Nr8 Welcome

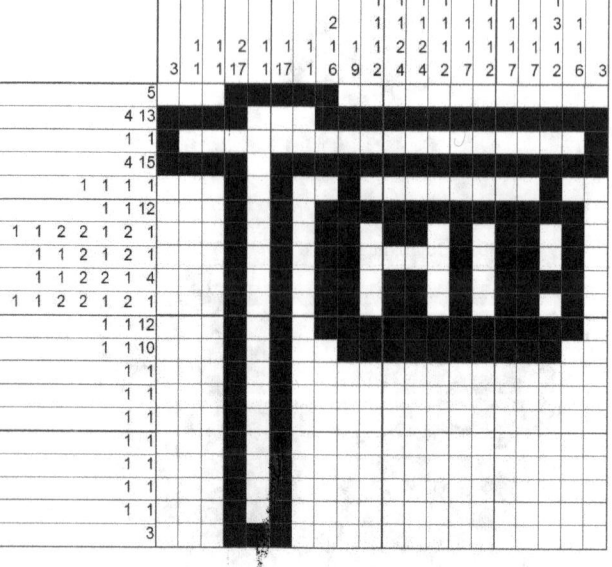

Nr 9
Heart

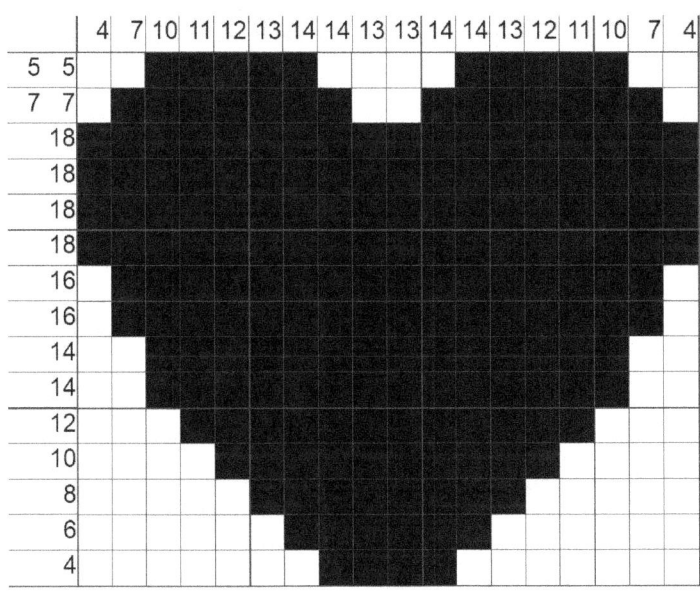

Nr 10
Claw

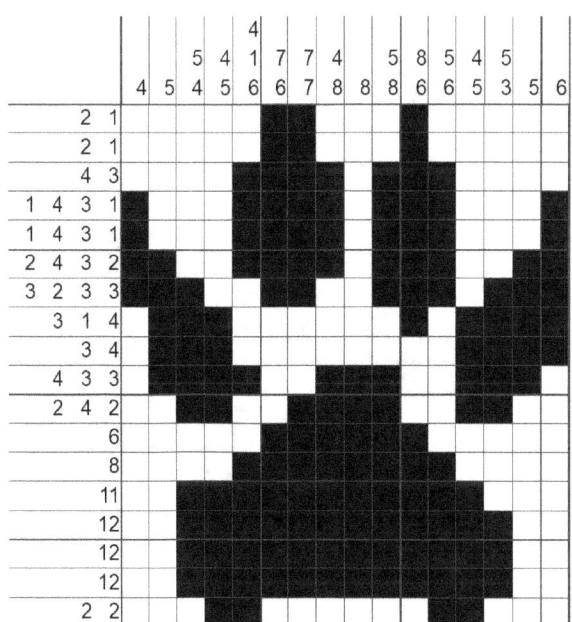

Nr 11
Droid

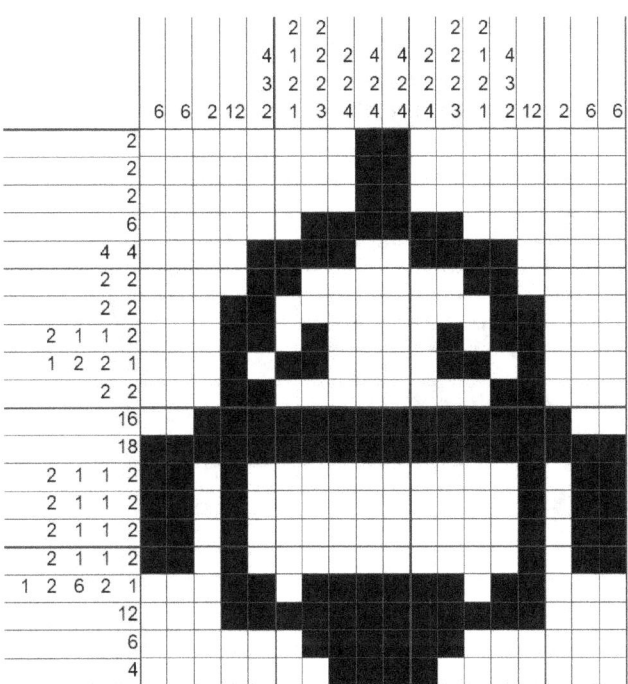

Nr 12
Phone

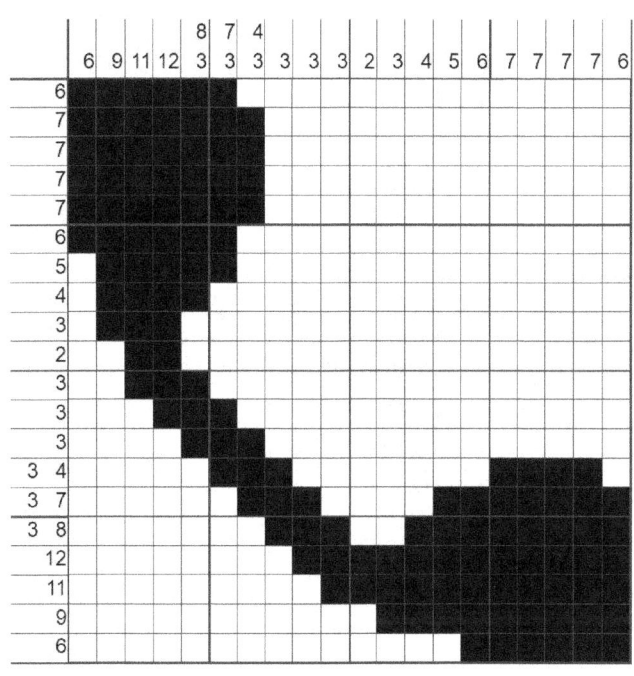

Nr 13
Swan

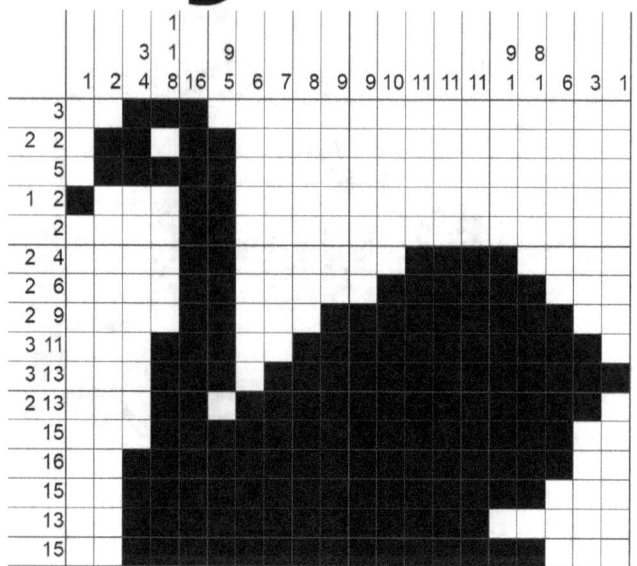

Nr 14
Boat

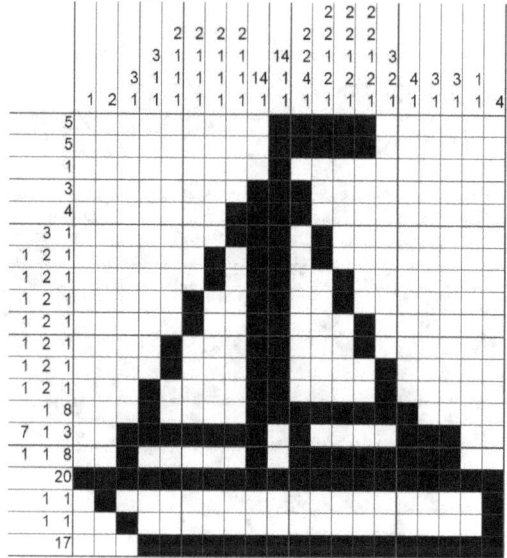

Nr 15
Plane

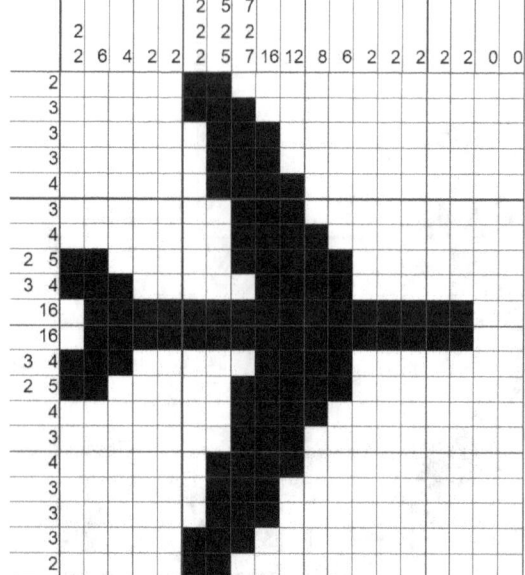

Nr 16
Car

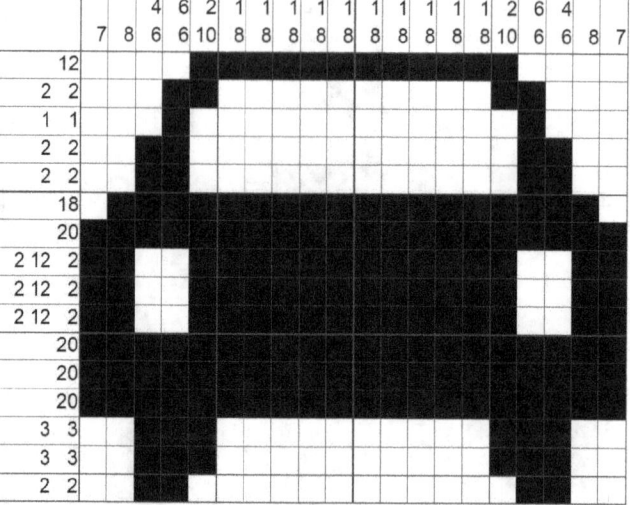

Nr 17 Stool

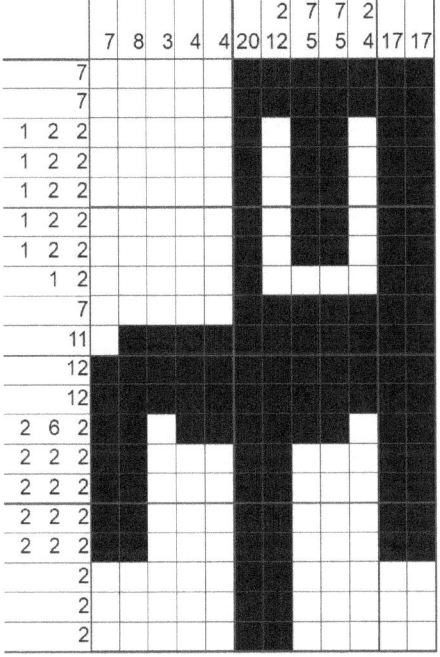

Nr 18 Table

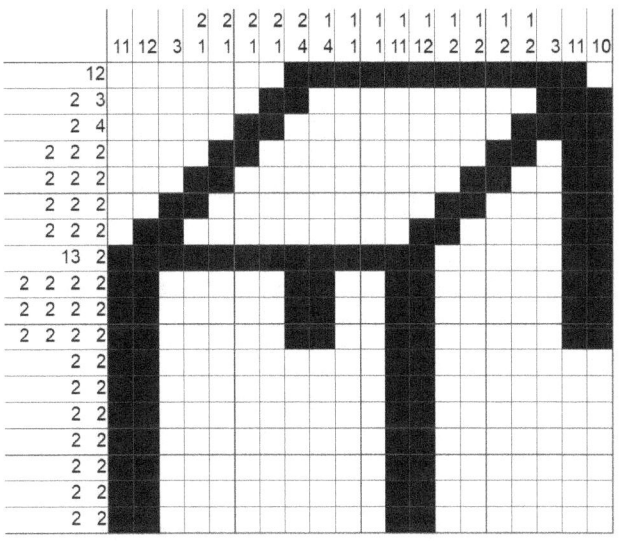

Nr 19 Bus

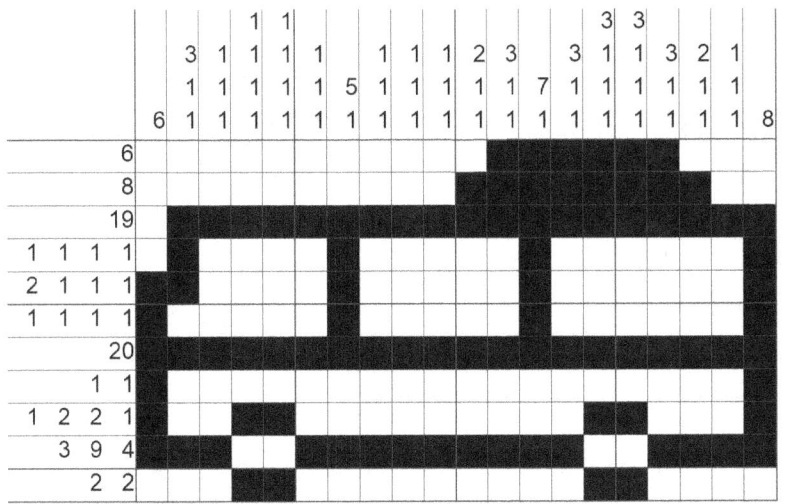

Nr 20 Hand

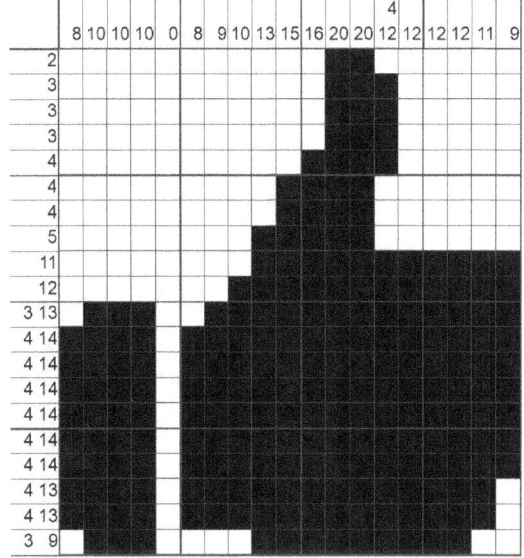

Nr.21
Town Hall

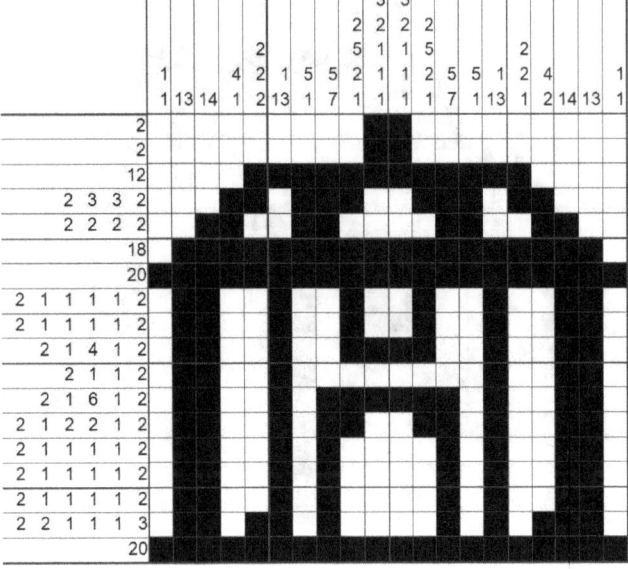

Nr.22
Mushroom

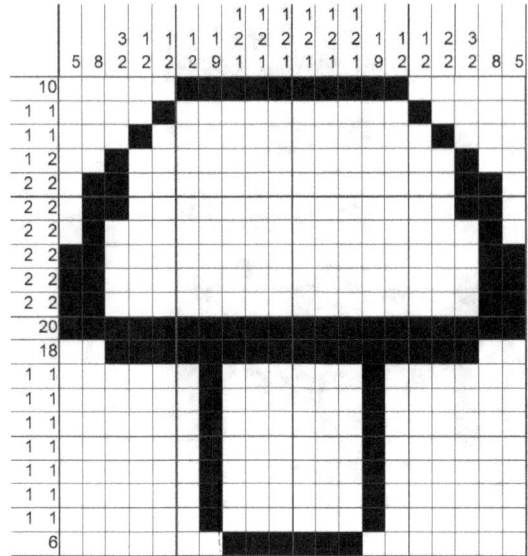

Nr.23
Bridge

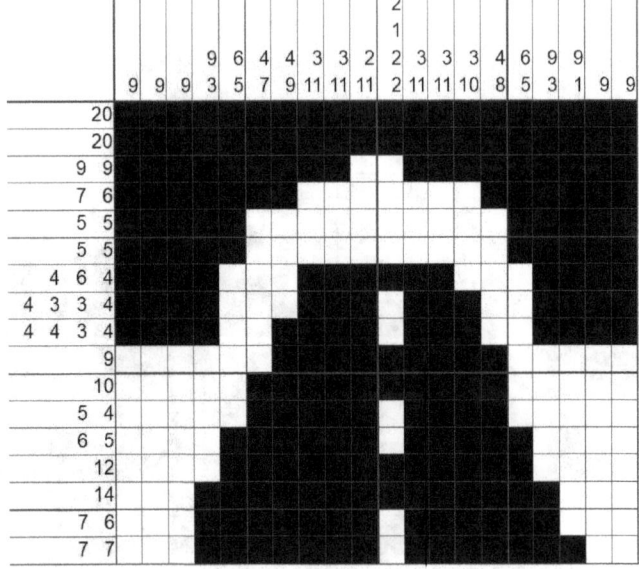

Nr.24
Distributor

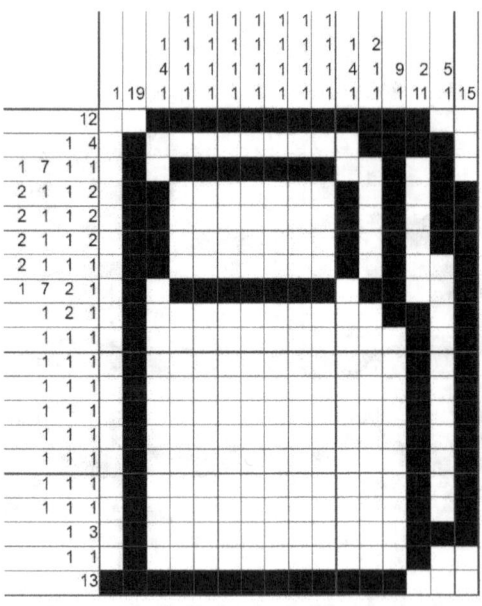

Nr·25 Jeep

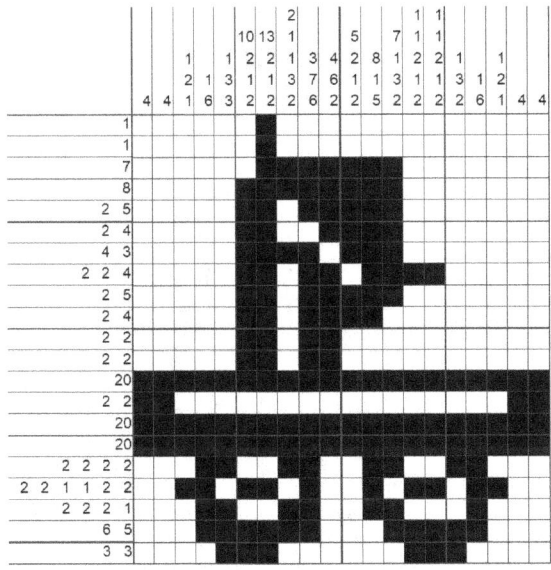

Nr·26 Telescope

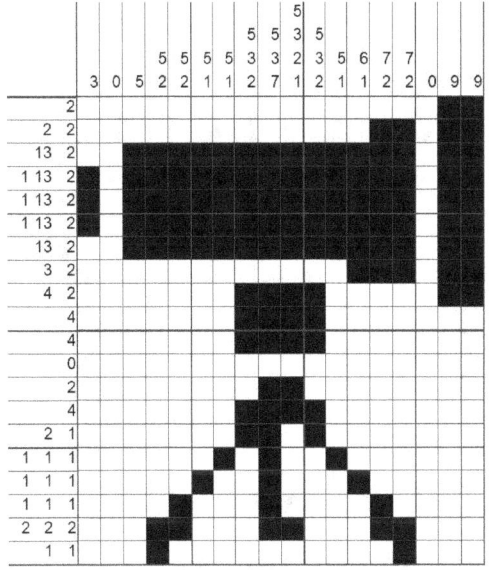

Nr·27 Glasses

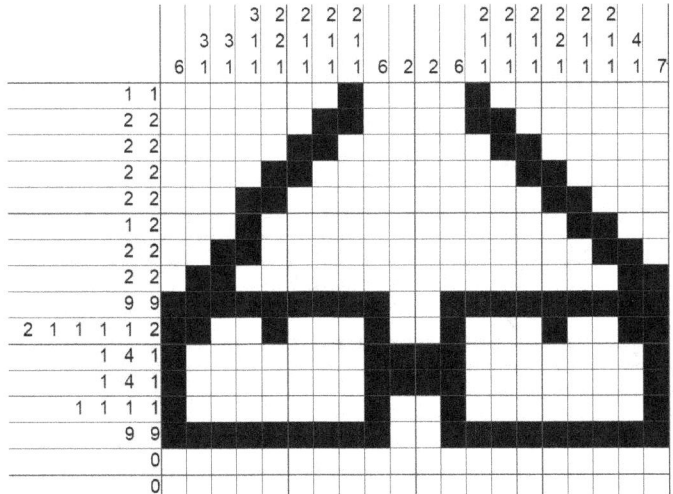

Nr·28 Bottle

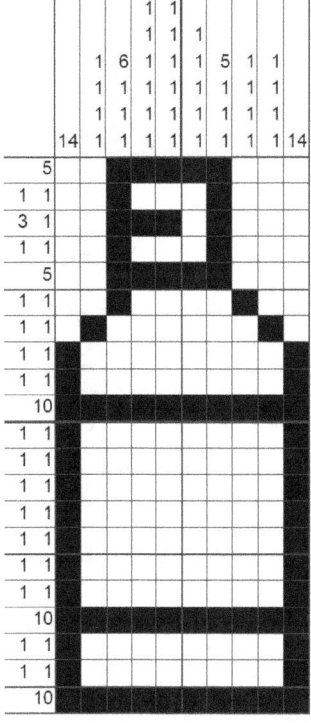

Nr 29
Pot

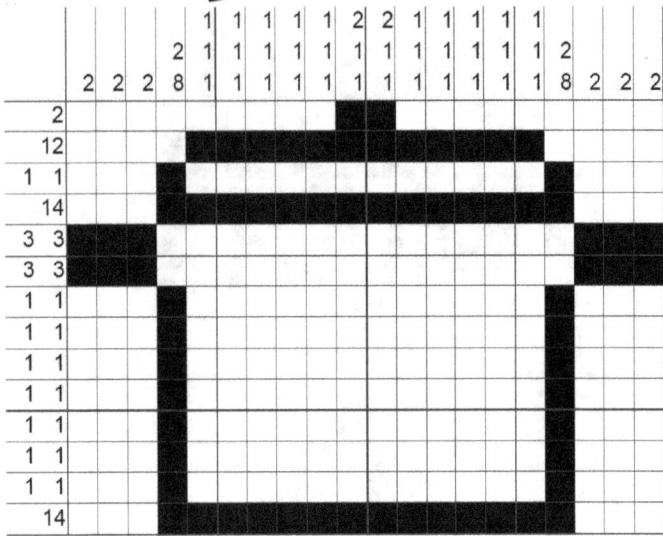

Nr 30
Rake

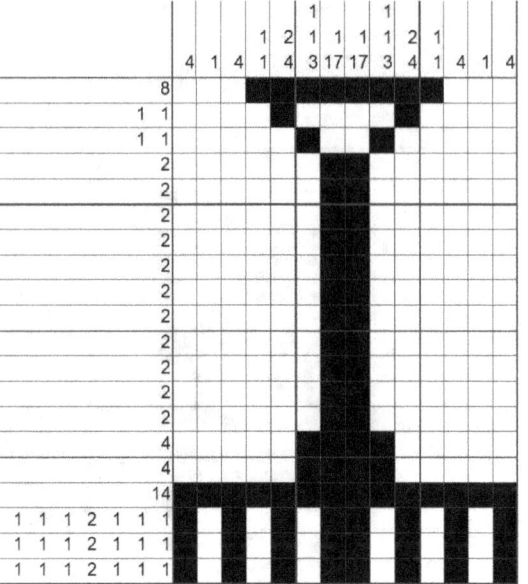

Nr 31
Hammer

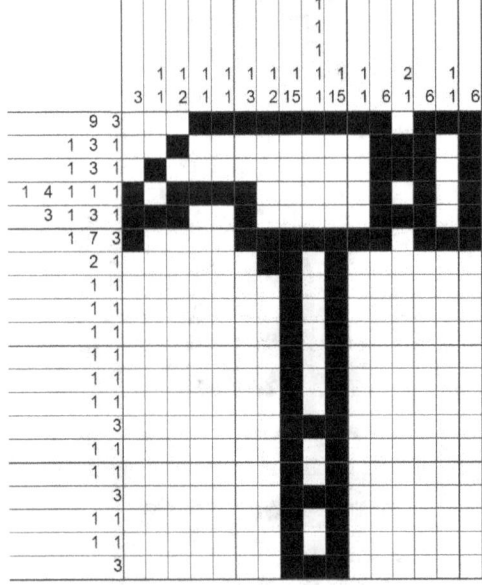

Nr 32
Key

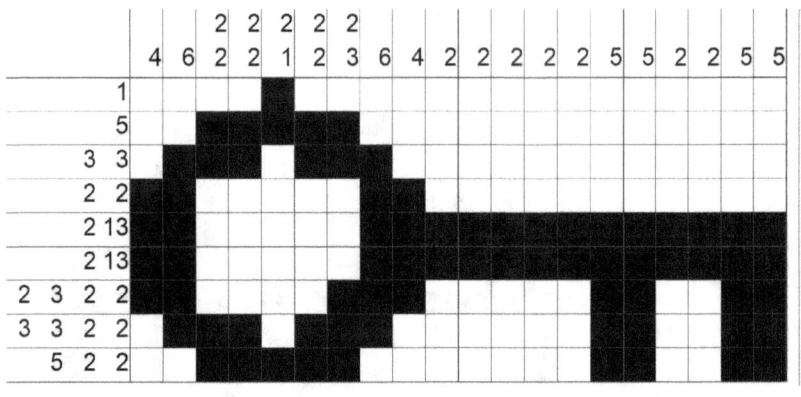

Nr33 Padlock

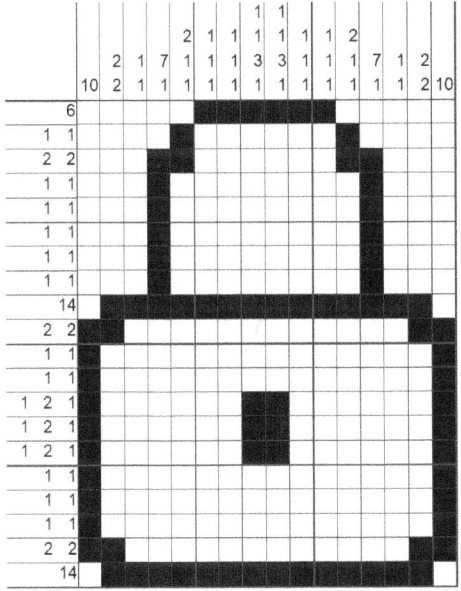

Nr34 Suitcase

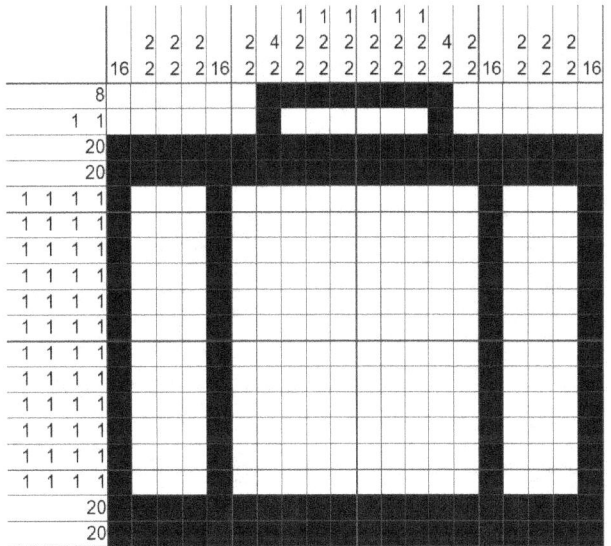

Nr35 Envelope

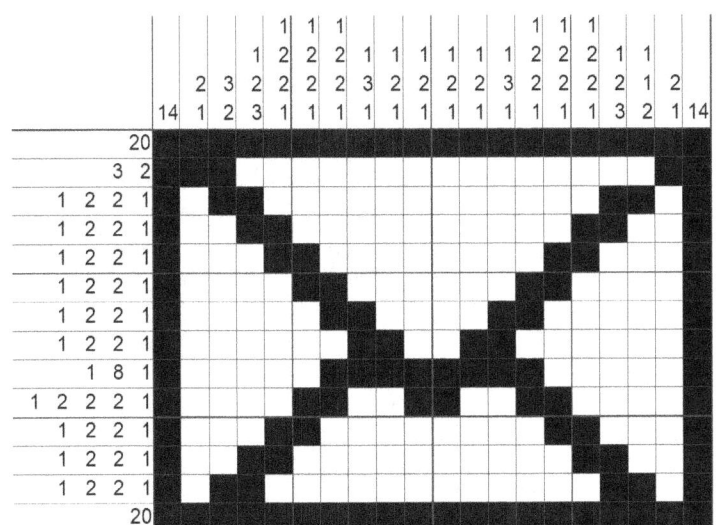

Nr36 Camera

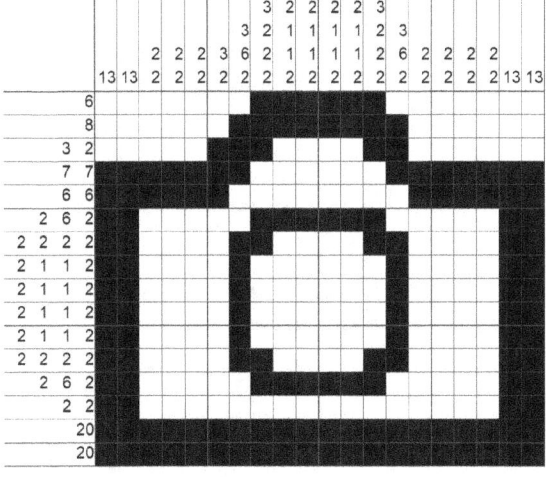

Nr 37
Headphones

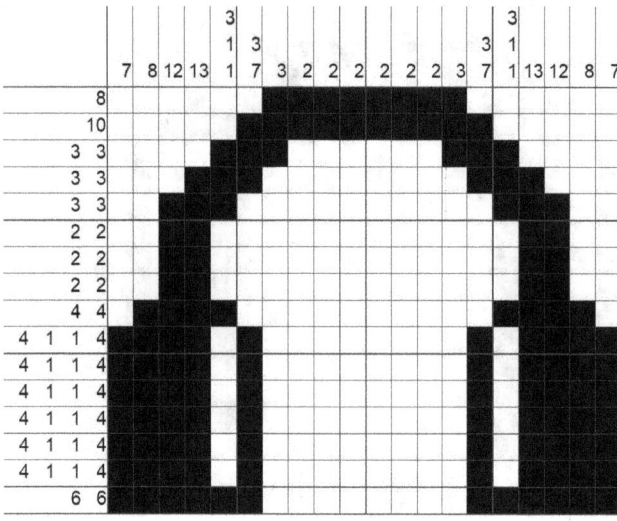

Nr 38
Currency Yen

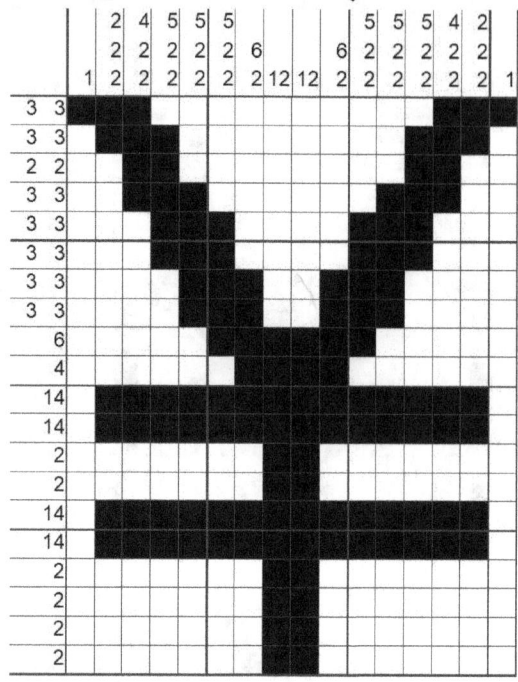

Nr 39
Euro

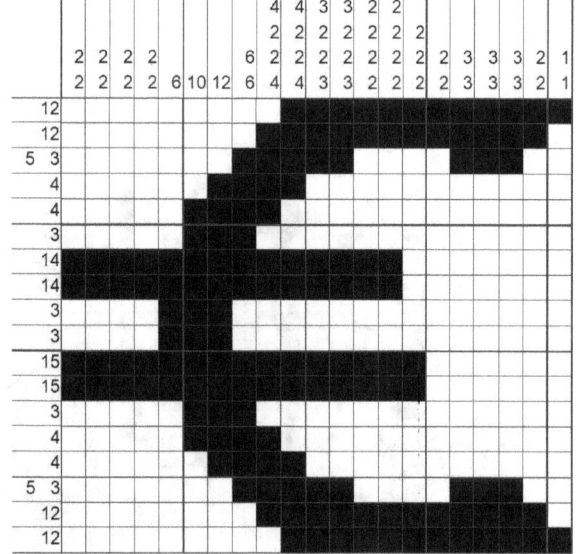

Nr 40
Pound

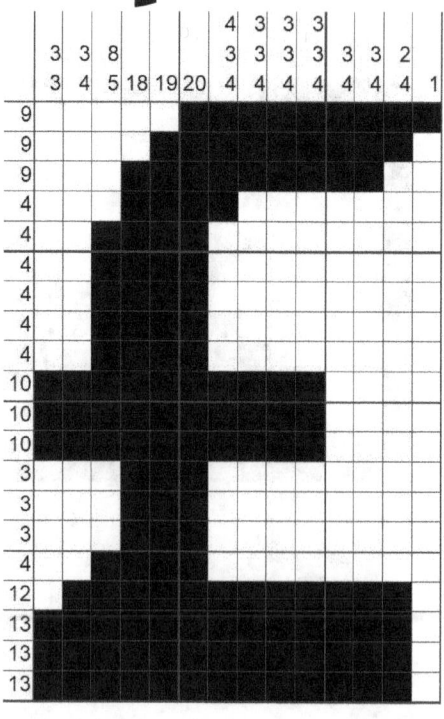